Organismos descomponedores

Grace Hansen

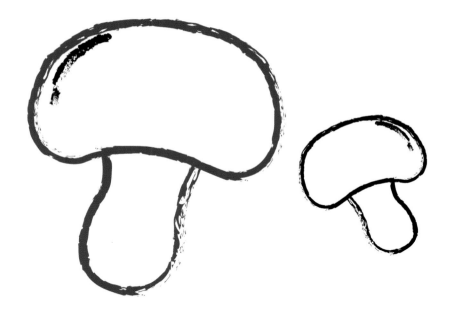

Abdo
Kids

LA CIENCIA BÁSICA:
LA ECOLOGÍA

Abdo Kids Jumbo es una subdivisión de Abdo Kids
abdobooks.com

abdobooks.com

Published by Abdo Kids, a division of ABDO, P.O. Box 398166, Minneapolis, Minnesota 55439.
Copyright © 2021 by Abdo Consulting Group, Inc. International copyrights reserved in all countries.
No part of this book may be reproduced in any form without written permission from the publisher.
Abdo Kids Jumbo™ is a trademark and logo of Abdo Kids.

Printed in the United States of America, North Mankato, Minnesota.

102020

012021

 THIS BOOK CONTAINS
RECYCLED MATERIALS

Spanish Translator: Maria Puchol

Photo Credits: iStock, Shutterstock

Production Contributors: Teddy Borth, Jennie Forsberg, Grace Hansen
Design Contributors: Dorothy Toth, Pakou Moua

Library of Congress Control Number: 2020930680
Publisher's Cataloging-in-Publication Data

Names: Hansen, Grace, author.

Title: Organismos descomponedores/ by Grace Hansen;

Other title: Decomposers. Spanish

Description: Minneapolis, Minnesota: Abdo Kids, 2021. | Series: La ciencia básica: la ecología | Includes
    online resources and index.

Identifiers: ISBN 9781098204327 (lib.bdg.) | ISBN 9781098205300 (ebook)

Subjects: LCSH: Decomposition (Biology)--Juvenile literature. | Biodegradation--Juvenile literature. |
    Food webs (Ecology)--Juvenile literature. | Ecology--Juvenile literature. | Spanish language
    materials--Juvenile literature.

Classification: DDC 577.16--dc23

Contenido

¿Qué son los organismos descomponedores?

Los descomponedores son una parte importante de la cadena alimenticia.

5

Las cadenas alimenticias muestran cómo fluye la energía a través de un ecosistema. Los descomponedores aparecen en la cadena cuando hay desechos.

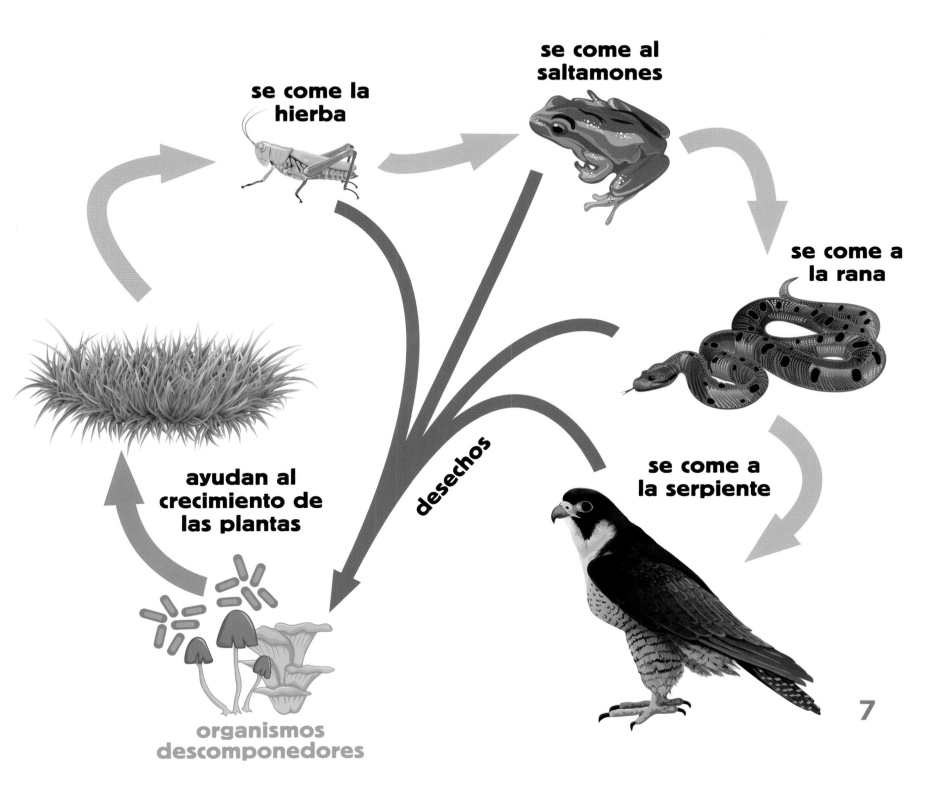

se come la
hierba

se come al
saltamones

se come a
la rana

ayudan al
crecimiento de
las plantas

desechos

se come a
la serpiente

organismos
descomponedores

7

Los descomponedores evitan que los **desechos** se acumulen en un **ecosistema**.

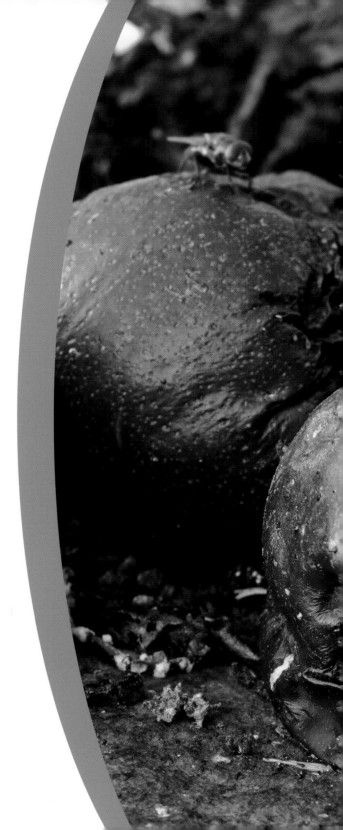

Los **desechos** pueden ser de varios tipos. Pueden ser hojas caídas de los árboles o excrementos de animales.

El **desecho** puede ser también un animal muerto en la naturaleza o lo que queda de él después de los **carroñeros**.

Hongos y bacterias

Se necesita un **microscopio** para ver algunos de los descomponedores. Las bacterias pueden ser muy pequeñas, pero ayudan a descomponer el cuerpo muerto de un animal.

14

bacterias

Los hongos se pueden ver sin **microscopio**. Liberan unas **enzimas** especiales. Estas enzimas ayudan a descomponer plantas y animales muertos.

16

A ciertos tipos de hongos les gusta descomponer frutas y vegetales.

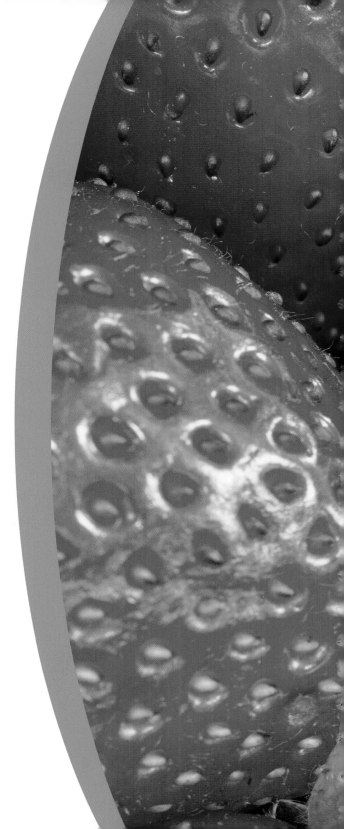

19

Todos los descomponedores convierten los desechos en minúsculas partículas químicas. Estas partículas químicas cuando se depositan de nuevo en la tierra, ayudan a que crezcan las plantas.

¡A repasar!

- Los descomponedores ponen nutrientes de nuevo en la tierra. Esto ayuda a que crezcan las plantas.

- Sin ellos, la Tierra estaría llena de desechos.

- Los carroñeros descomponen grandes piezas de materia orgánica, como animales muertos, al comérselos.

- Los descomponedores reducen la materia orgánica muerta. Esto puede ocurrir después de que un carroñero termine de alimentarse.

- Los detritívoros comen materia orgánica muerta. La digieren internamente para obtener nutrientes, a diferencia de los hongos y bacterias. Los gusanos son un ejemplo.

Glosario

carroñeros - animales que descomponen grandes piezas de materia orgánica al comérsela, por ejemplo animales muertos.

desechos - planta o animal muerto, o excrementos de animales.

ecosistema - comunidad de seres vivos en conjunto con su entorno.

enzima - proteína que provoca una reacción química dentro de un organismo viviente.

microscopio - instrumento que usa una lente que permite observar objetos demasiado pequeños para verlos a simple vista.

Índice

Abdo Kids
ONLINE
FREE! ONLINE MULTIMEDIA RESOURCES

¡Visita nuestra página **abdokids.com** para tener acceso a juegos, manualidades, videos y mucho más!

Los recursos de internet están en inglés.

Usa este código Abdo Kids

BDK8930

¡o escanea este código QR!